Die Deutsche Bibliothek – CIP-Einheitsaufnahme

Die Kristallkugel : ein Märchen der Brüder Grimm /
[SBS, Schweizerische Bibliothek für Blinde und Sehbehinderte].
Ill. von Jürg Obrist. – Zürich : SBS, 2003.
ISBN 3-908368-02-2 Gb.
ISBN 3-908368-03-0 brosch.

Satz: Erich Gülland, Dielsdorf / Lithos: Photolitho AG, Gossau ZH
Druck: Proost N.V., Turnhout / Südostschweiz Print AG, Chur

ISBN 3-908368-02-2 (gebunden)
ISBN 3-908368-03-0 (broschiert)

Der Text folgt den *Kinder- und Hausmärchen,* gesammelt durch die Brüder Grimm
(vollständige, textgetreue Ausgabe), herausgegeben und mit einem Nachwort versehen
von Carl Helbling, Manesse Verlag, Zürich

DIE KRISTALLKUGEL

Ein Märchen der Brüder Grimm

Illustriert von Jürg Obrist

Es war einmal eine Zauberin, die hatte drei Söhne, die sich brüderlich liebten; aber die Alte traute ihnen nicht und dachte, sie wollten ihr ihre Macht rauben. Da verwandelte sie den ältesten in einen Adler, der musste auf einem Felsengebirge hausen, und man sah ihn manchmal am Himmel in grossen Kreisen auf und nieder schweben.

Den zweiten verwandelte sie in einen Walfisch, der lebte im tiefen Meer, und man sah nur, wie er zuweilen einen mächtigen Wasserstrahl in die Höhe warf. Beide hatten nur zwei Stunden jeden Tag ihre menschliche Gestalt. Der dritte Sohn, da er fürchtete, sie möchte ihn auch in ein reissendes Tier verwandeln, in einen Bären oder einen Wolf, so ging er heimlich fort.

Er hatte aber gehört, dass auf dem Schloss der goldenen Sonne eine verwünschte Königstochter sässe, die auf Erlösung harrte: es müsste aber jeder sein Leben daran wagen, schon dreiundzwanzig Jünglinge wären eines jämmerlichen Todes gestorben und nur noch einer übrig, dann dürfte keiner mehr kommen. Und da sein Herz ohne Furcht war, so fasste er den Entschluss, das Schloss von der goldenen Sonne aufzusuchen.
Er war schon lange Zeit herumgezogen und hatte es nicht finden können; da geriet er in einen grossen Wald und wusste nicht, wo der Ausgang war.

Auf einmal erblickte er in der Ferne zwei Riesen, die winkten ihm mit der Hand, und als er zu ihnen kam, sprachen sie: «Wir streiten um einen Hut, wem er zugehören soll, und da wir beide gleich stark sind, so kann keiner den andern überwältigen: die kleinen Menschen sind klüger als wir, daher wollen wir dir die Entscheidung überlassen.» – «Wie könnt ihr euch um einen alten Hut streiten?» sagte der Jüngling. «Du weisst nicht, was er für Eigenschaften hat: es ist ein Wünschhut, wer den aufsetzt, der kann sich hinwünschen, wohin er will, und im Augenblick ist er dort.»

«Gebt mir den Hut», sagte der Jüngling, «ich will ein Stück Wegs gehen, und wenn ich euch dann rufe, so lauft um die Wette, und wer am ersten bei mir ist, dem soll er gehören.» Er setzte den Hut auf und ging fort, dachte aber an die Königstochter, vergass die Riesen und ging immer weiter. Einmal seufzte er aus Herzensgrund und rief: «Ach, wäre ich doch auf dem Schloss der goldenen Sonne!» Und kaum waren die Worte über seine Lippen, so stand er auf einem hohen Berg vor dem Tor des Schlosses.

Er trat hinein und ging durch alle Zimmer, bis er in dem letzten die Königstochter fand. Aber wie erschrak er, als er sie anblickte: sie hatte ein aschgraues Gesicht voll Runzeln, trübe Augen und rote Haare. «Seid Ihr die Königstochter, deren Schönheit alle Welt rühmt?» rief er aus. «Ach», erwiderte sie, «das ist meine Gestalt nicht, die Augen der Menschen können mich nur in dieser Hässlichkeit erblicken; aber damit du weisst, wie ich aussehe, so schau in den Spiegel, der lässt sich nicht irremachen, der zeigt dir mein Bild, wie es in Wahrheit ist.»

Sie gab ihm den Spiegel in die Hand, und er sah darin das Abbild der schönsten Jungfrau, die auf der Welt war, und sah, wie ihr vor Traurigkeit die Tränen über die Wangen rollten. Da sprach er: «Wie kannst du erlöst werden? Ich scheue keine Gefahr.» Sie sprach: «Wer die kristallne Kugel erlangt und hält sie dem Zauberer vor, der bricht damit seine Macht, und ich kehre in meine wahre Gestalt zurück. Ach», setzte sie hinzu, «schon so mancher ist darum in seinen Tod gegangen, und du junges Blut, du jammerst mich, wenn du dich in die grossen Gefährlichkeiten begibst.» – «Mich kann nichts abhalten», sprach er, «aber sage mir, was ich tun muss.»

«Du sollst alles wissen», sprach die Königstochter; «wenn du den Berg, auf dem das Schloss steht, hinabgehst, so wird unten an einer Quelle ein wilder Auerochs stehen, mit dem musst du kämpfen. Und wenn es dir glückt, ihn zu töten, so wird sich aus ihm ein feuriger Vogel erheben, der trägt in seinem Leib ein glühendes Ei, und in dem Ei steckt als Dotter die Kristallkugel. Er lässt aber das Ei nicht fallen, bis er dazu gedrängt wird; fällt es aber auf die Erde, so zündet es und verbrennt alles in seiner Nähe, und das Ei selbst zerschmilzt und mit ihm die kristallne Kugel, und all deine Mühe ist vergeblich gewesen.» – Der Jüngling stieg hinab zu der Quelle, wo der Auerochse schnaubte und ihn anbrüllte.

Nach langem Kampf stiess er ihm sein Schwert in den Leib, und er sank nieder. Augenblicklich erhob sich aus ihm der Feuervogel und wollte fortfliegen, aber der Adler, der Bruder des Jünglings, der zwischen den Wolken daherzog, stürzte auf ihn herab, jagte ihn nach dem Meer hin und stiess ihn mit seinem Schnabel an, so dass er in der Bedrängnis das Ei fallen liess.

Es fiel aber nicht in das Meer, sondern auf eine Fischerhütte, die am Ufer stand, und die fing gleich an zu rauchen und wollte in Flammen aufgehen. Da erhoben sich im Meer haushohe Wellen, strömten über die Hütte und bezwangen das Feuer. Der andere Bruder, der Walfisch, war herangeschwommen und hatte das Wasser in die Höhe getrieben.

Als der Brand gelöscht war, suchte der Jüngling nach dem Ei und fand es glücklicherweise: es war noch nicht geschmolzen, aber die Schale war von der plötzlichen Abkühlung durch das kalte Wasser zerbröckelt, und er konnte die Kristallkugel unversehrt herausnehmen. – Als der Jüngling zu dem Zauberer ging und sie ihm vorhielt, so sagte dieser: «Meine Macht ist zerstört, und du bist von nun an der König vom Schloss der goldenen Sonne. Auch deinen Brüdern kannst du die menschliche Gestalt damit zurückgeben.» Da eilte der Jüngling zu der Königstochter, und als er in ihr Zimmer trat, so stand sie da in vollem Glanz ihrer Schönheit, und beide wechselten voll Freude ihre Ringe miteinander.

Die vorliegende Ausgabe des Märchens «Die Kristallkugel» ist die 44. in der von der *Schweizerischen Bibliothek für Blinde und Sehbehinderte* (SBS) herausgegebenen Reihe illustrierter Grimm-Märchen. In derselben Reihe sind seit 1960 erschienen:

Die sieben Raben*
Illustriert von Ernst Cincera

Der Froschkönig*
Illustriert von Ernst Cincera

Aschenbrödel*
Illustriert von Ernst Cincera

Schneewittchen*
Illustriert von Ernst Cincera

Der Wolf und die sieben jungen Geisslein*
Illustriert von Ernst Cincera

Die Bremer Stadtmusikanten*
Illustriert von Ernst Cincera

Rotkäppchen*
Illustriert von Peter Lüthi

Der gestiefelte Kater*
Illustriert von Moritz Kennel

Dornröschen*
Illustriert von Moritz Kennel

Frau Holle*
Illustriert von Moritz Kennel

Hans im Glück*
Illustriert von Moritz Kennel

König Drosselbart*
Illustriert von Moritz Kennel

Das tapfere Schneiderlein*
Illustriert von Moritz Kennel

Rapunzel*
Illustriert von Moritz Kennel

Die goldene Gans*
Illustriert von Moritz Kennel

Tischlein deck dich*
Illustriert von Maurice Kenelski

Die Gänsemagd*
Illustriert von Maurice Kenelski

Schneeweisschen und Rosenrot*
Illustriert von Maurice Kenelski

Die zertanzten Schuhe*
Illustriert von Paul Nussbaumer

Das Eselein*
Illustriert von Paul Nussbaumer

Der Arme und der Reiche*
Illustriert von Jacques Schedler

Die drei Federn*
Illustriert von Jacques Schedler

Die kluge Bauerntochter*
Illustriert von Jacques Schedler

Der Teufel mit den drei goldenen Haaren*
Illustriert von Jacques Schedler

Der goldene Vogel*
Illustriert von Monica Rüdlinger

Die drei Männlein im Walde*
Illustriert von Jürg Obrist

Die weisse Schlange*
Illustriert von Jürg Obrist

Daumesdick*
Illustriert von Jürg Obrist

Das Lumpengesindel
Illustriert von Jürg Obrist

Die drei Spinnerinnen
Illustriert von Jürg Obrist

Das Bürle
Illustriert von Jürg Obrist

Der alte Sultan
Illustriert von Jürg Obrist

Die vier kunstreichen Brüder
Illustriert von Jürg Obrist

Hänsel und Gretel
Illustriert von Jürg Obrist

Das Wasser des Lebens
Illustriert von Jürg Obrist

Sechse kommen durch die ganze Welt
Illustriert von Jürg Obrist

Katze und Maus in Gesellschaft
Illustriert von Jürg Obrist

Vom klugen Schneiderlein
Illustriert von Jürg Obrist

Rumpelstilzchen
Illustriert von Jürg Obrist

Die Bienenkönigin
Illustriert von Jürg Obrist

Die drei Glückskinder
Illustriert von Jürg Obrist

Doktor Allwissend
Illustriert von Jürg Obrist

Das Waldhaus
Illustriert von Jürg Obrist

Die mit einem * versehenen Titel sind leider vergriffen. Die übrigen können, solange der Vorrat reicht, zum Preise von CHF 12.– (inkl. Porto und MWSt.) bei der Schweizerischen Bibliothek für Blinde und Sehbehinderte (Grubenstrasse 12, 8045 Zürich, Telefon 043 333 32 32, Fax 043 333 32 33, E-Mail: spenden@sbszh.ch) weiterhin bezogen werden.